O que estou fazendo aqui?

Em busca de si mesmo

Grupo Anjos de Luz ®

O que estou fazendo aqui?

Em busca de si mesmo

Série: Mensagens de Luz para o seu dia

Volume 2

1ª Edição

Belo Horizonte
Grupo Anjos de Luz ®
2019

© **2019** por Grupo Anjos de Luz ®

Título original: O que estou fazendo aqui? - Em busca de si mesmo

Canalizadores: Kaká Andrade | Karina Veloso | Maria Alice Capanema
Rita Pereira | Valdir Barbosa
Design gráfico e editorial: Alice Sena
Revisão: Agni Melo | Elizabeth Palomero | Kaká Andrade | Karina Veloso
Nair Pôssas Guimarães | Rita Pereira | Valdir Barbosa

```
Q3
        O que estou fazendo aqui? - Em busca de si mesmo / Kaká Andrade, Karina Veloso,
Maria Alice Capanema, Rita Pereira, Valdir Barbosa (canalizadores). Belo Horizonte:
Grupo Anjos de Luz, 2019.
        47p. - (Mensagens de Luz para o seu dia ; v.2)

        ISBN 978-65-80152-04-9

        1. Espiritismo 2. Psicografia 3. Parapsicologia 4. Ocultismo I. Andrade, Kaká
II. Veloso, Karina  III. Capanema, Maria Alice IV. Pereira, Rita V. Barbosa, Valdir.
Título VI. Série.

                                                                          CDD 133.9
                                                                          CDU 133.7
```

Sumário

Apresentação e agradecimentos 7

Introdução 8

Raios, Mestres Ascencionados e Arcanjos 9

Mensagem inicial 12

Mensagens dos Instrutores do Mundo 13

Mensagens dos Mestres Ascencionados dos Raios de Luzes 17

Mensagens Finais de Sabedoria Divina 35

Mensagem do Dirigente da Equipe da Colônia Médica do Grande
Coração de Astheriãn e Grupo Anjos de Luz 40

Orações e Mantras 43

Decretos 44

Mensagem final 47

Apresentação e agradecimentos

A evolução espiritual passa necessariamente pela purificação energética de cada ser, mediante o autoconhecimento, as atitudes e os pensamentos à luz da Sabedoria Divina!

Desta maneira, as energias poderão ser direcionadas conscientemente à sua proteção e às transformações pessoal e social, com a finalidade de ascensão e de aliança com a Energia Suprema Divina, Deus, mediante o exercício cotidiano das virtudes essenciais ao ser humano, como o amor e o perdão, a paz e a misericórdia, para a cura da alma e do corpo, em total harmonia com Universo.

O segundo volume da Série **Mensagens de Luz para o seu dia** vem trazer a você esclarecimentos sobre <u>O que estou fazendo aqui?</u> no Planeta Terra, de modo a incentivá-lo a buscar constantemente a compreensão sobre si mesmo e sobre a prática das lições de Jesus Cristo quanto **ao Caminho, a Verdade e a Vida**.

O <u>Despertar da consciência</u> sobre o <u>Eu Sou</u>, iniciado com a leitura do primeiro volume, é campo fértil para que o autoconhecimento espiritual conduza você a um **Caminhar** mais suave, de maneira que a **Verdade Divina** se torne parte de você e de toda a matéria ao seu redor, permitindo-lhe ter uma vida plena.

As mensagens deste livro estão diretamente relacionadas àquelas contidas no primeiro volume da Série e, quando compreendidas, viabilizará a busca e o encontro de si mesmo, de sua Pura Essência Divina e você caminhará na luz para adquirir uma consciência plena em perfeita sintonia com a Justiça Divina.

Neste manual, há instruções para o exercício cotidiano das Virtudes e afastamento das energias negativas. Encontram-se nele ensinamentos sobre os sete Raios de Luzes e suas cores vibrantes, bem como seus respectivos Mestres Ascencionados (Chohans/Diretores), que regem as energias do Planeta Terra e de todos os seres que nele habitam.

Agradecemos a toda a Espiritualidade de Luz que generosamente nos enviou informações preciosas para um verdadeiro encontro de luz!

Muito bom revê-lo(a) nesta busca de aprendizado e amor!

Introdução

"O que estou fazendo aqui?"
Em busca de si mesmo

A intenção deste livro é a de que cintile em você, que se encontra em experiência terrena, a necessidade de elevação de suas virtudes e das vibrações positivas, atraindo mais desta mesma Energia do Bem e se libertando das amarras que dificultam seu caminhar evolutivo, de modo que tenha êxito em exercitar o seu Eu Sou Divino com brandura.

O caminho a percorrer durante o encontro consigo mesmo é facilitado pela ampliação de sua Vontade de viver imergido na luz, o que poderá ser alcançado com comprometimento, fé, força e atenção às instruções que vêm sendo transmitidas pela mais Alta Espiritualidade de Luz.

É importante que permaneça atento às suas omissões, suas ações e seus pensamentos, orando e vigiando sempre, para que possa descobrir o que está fazendo aqui neste Planeta e como prosseguir de maneira regeneradora, ajustando-se à mais Pura Energia do Universo, Deus!

Para isto, você precisará se proteger e exercitar diariamente as virtudes deixadas pelo Pai Criador, equilibrando-se e gerando energias positivas por meio de ações, pensamentos e sentimentos conscientes e baseados nas Verdades Divinas.

Desta maneira, você buscará a paz e a harmonia interior, produzindo curas necessárias para trilhar uma vida abençoada e harmoniosa consigo mesmo, com a natureza e com os ambientes familiar e social.

O autoconhecimento e o exercício diário de atitudes amorosas promovem equilíbrios energéticos, desde Buddha revelados, e vem sendo largamente acrescentados na prática da medicina atualmente exercida.

As descobertas e os avanços tecnológicos e científicos por meio de pesquisas realizadas durante vários anos por cientistas no Planeta Terra vêm incorporando técnicas já existentes (Acupuntura, Aromaterapia, Cristaloterapia, Cromoterapia, Florais, Homeopatia, Massoterapia, Medicina Ayurvédica, Meditação, Shiatzu, Reiki, Tai Chi Chuan, Yoga, dentre outras, trazendo nova luz para que a medicina seja exercida em busca do bem-estar do ser como um todo (corpos físico, espiritual, mental e emocional), vibracionalmente em perfeita harmonia.

Convidamos você a procurar e a encontrar a si mesmo nesta consciência libertadora e acolhedora da mais Pura Essência Divina.

Raios, Mestres Ascencionados e Arcanjos

A Espiritualidade de Luz da Grande Fraternidade Branca é formada por Mestres Ascencionados de cada Raio (Chohans e Diretores dos Raios), além de outros Mestres Ascensos e atuantes no Planeta Terra, juntamente com seus Complementos Divinos, Arcanjos, Anjos, Elohins, Querubins e respectivas Equipes de Espíritos de Luz Trabalhadores e Obreiros.

Todos eles atuam em prol da humanidade e se dedicam aos Raios de Luzes e Energias que formam os corpos dos seres e das matérias, havendo em cada dia da semana a irradiação intensificada de um Raio de cor Celestial, que auxilia a potencializações das Virtudes evidenciadas neste dia.

Atualmente, possuímos dois Instrutores do Mundo: o Mestre Jesus (Joshua ou Jesus Cristo) e o Mestre Kuthumi. Juntos, são os atuais Coordenadores dos trabalhos da Grande Fraternidade Branca no Planeta Terra.

São sete os Raios, suas cores e os Mestres Ascencionados (Chohans Diretores/ Senhores) da Grande Fraternidade Branca evidenciados neste livro, um para cada dia da semana, sendo indicado que você invoque os Raios vibrantes no dia da semana, permitindo-se que chamem aqueles relacionados a outros dias para lhe auxiliar sempre que necessário.

1º Raio da Luz Azul

Vibrante no domingo, Mestre Ascencionado El Morya, Arcanjo Miguel, potencializa as Virtudes: Força, Poder Pessoal, Vontade Divina, Proteção, Liderança, Fé.

Nos momentos difíceis e de desânimo, imagine-se protegido pela cor azul. A energia do azul permite a restauração da fé, da força e do equilíbrio, dando coragem para retomar a caminhada em busca de si mesmo.

Decreto: Arcanjo Miguel, que prevaleça em mim a Vontade Divina.

2º Raio da Luz Dourada

Vibrante na segunda-feira, Mestre Ascencionado Confúcio, Arcanjo Jofiel, potencializa as Virtudes: Iluminação, Ciência, Conhecimento, Sabedoria, Tecnologia, Inspiração.

Fortalecer-se na Luz Dourada e refletir sobre a essência das mensagens trazidas pelos mestres deste Raio permitirá a conexão com o Criador em busca de Sabedoria e Iluminação para trilhar o Caminho da Luz e alcançar a evolução espiritual.

Decreto: Arcanjo Jofiel, me impulsione à sabedoria de acreditar em mim mesmo, no meu poder e na minha luz.

3º Raio da Luz Rosa

Vibrante na terça-feira, Mestra Ascencionada Rowena, Arcanjo Samuel, potencializa as Virtudes: Perdão, Amor Incondicional, Tolerância, Beleza, Bondade, Gratidão.

Quando a humanidade compreender o poder e a força do amor incondicional, a gratidão e o perdão serão alimentos divinos para a alma e a luz para o espírito. Respire, vibre e sinta amor em tudo que fizer durante sua caminhada! Seja Puro Amor Incondicional!

Decreto: Arcanjo Samuel, que eu possa desenvolver a plena e total capacidade de amar.

4º Raio da Luz Branco-cristal

Vibrante na quarta-feira, Mestre Ascencionado Seraphis Bey, Arcanjo Gabriel, potencializa as Virtudes: Purificação, Limpeza de Karmas, Ascensão, Equilíbrio, Pureza, Paz, Silêncio, Ressurreição.

A pureza da Luz Branco-cristal permite olhar com alegria para o mundo e em tudo que está a sua volta, tornando a caminhada cheia de encantos, leveza e aprendizados de amor, caridade e realizações.

Decreto: **Arcanjo Gabriel, desperte em mim a purificação de meu ser a caminho da ascensão.**

5° Raio da Luz Verde

Vibrante na quinta-feira, Mestre Ascensionado Hilarion, Arcanjo Rafael, potencializa as Virtudes: Cura, Justiça Divina, Verdade Divina, Concentração, Consagração, Dedicação, Prosperidade.

Sintonizar-se com a vibração da cor verde permitirá que os dons da cura, do amor, da humildade, da caridade e do perdão sejam exercitados e fortalecidos.

O bem e a igualdade prevalecerão e todos os seres serão curados. A paz e a abundância caminharão juntas e todos compreenderão que estarão unidos no Amor em Cristo.

Decreto: Arcanjo Rafael, me liberte do julgamento, do orgulho e do egoísmo e que a verdade prevaleça em mim.

6° Raio da Luz Rubi-dourada

Vibrante na sexta-feira, Mestra Ascensionada Nada, Arcanjo Uriel, potencializa as Virtudes: Devoção, Misericórdia, Amor, Cura.

Vibrar na energia da cor Rubi-dourado permite que o poder, a força e a coragem nasçam nos corações, iluminando e despertando as almas para cumprir seu propósito de amor, tendo apenas o reconhecimento do Criador.

Decreto: Arcanjo Uriel, dai-me fé e constância nas orações.

7° Raio da Luz Violeta

Vibrante no sábado, Mestre Ascensionado Saint Germain, Arcanjo Ezequiel, potencializa as Virtudes: Apelos, Compaixão, Transmutação, Transformação, Liberdade.

A invocação da Luz Violeta facilita o despertar da humanidade para a Verdade Divina de transformação e de transmutação de todos os sentimentos impuros e indesejados. Livre das energias densas da culpa, raiva, arrependimento e mágoa, o ser humano tomará conhecimento da sua força espiritual advinda do puro Amor Divino que habita dentro de cada um.

Decreto: Arcanjo Ezequiel, auxilia-me na transmutação de meus karmas, para que eu possa alcançar a libertação e a capacidade de voar rumo ao Divino.

Há, ainda, dentre outras luzes, a Luz Laranja, como um Raio que potencializa a energia vital do corpo e do espírito, a todo o tempo e em todos os dias da semana, bem como outros Raios de cores que estão sendo apresentados para a humanidade neste período evolutivo da Terra.

É indicado o uso de algum objeto ou roupa da cor especificada no dia da semana correspondente ao Raio vibrante. Sua concentração e fé neste dia da semana, direcionadas, expandirão sua própria luz, facilitando a conexão (ligação com o Eu Sou Divino, Deus) entre sua energia e o Raio de Luz intensificado, afastando toda limitação.

Ao sintonizar com a vibração da cor de cada RAIO, a conexão com os MESTRES se estabelece, será possível sentir a força do DIVINO pulsando dentro de si, emitindo a LUZ CRÍSTICA em todo seu ser.

Mensagem inicial

Luz Dourada

Dia da Semana: Segunda-feira

Virtudes: Sabedoria, Iluminação, Ciência, Tecnologia, Conhecimento, Inspiração

Mestre Shao Lin Yung: Suavidade e Leveza.

Dirigente da Colônia Vale Dourado

"O Caminho é único e solitário.

Cada um o faz por si e para si mesmo.

Quem caminha com apego, escolhe o caminho das pedras. Mas se você escolher caminhar com graça e leveza, seu caminho será de flores: suave e perfumado.

Eu Sou Mestre Shao Lin Yung."

(Mensagem canalizada em 24/09/2018)

Mensagens dos Instrutores do Mundo

Mestre Kuthumi: Serenidade e Confiança

"Meus irmãos na luz!

Faço-me presente para trazer a vocês uma palavra de confiança em tudo o que vocês vêm buscando mediante as leituras deste aglomerado de mensagens e das demais que vêm sendo cotidianamente difundidas em seu meio social conhecido, e também desconhecido!

Peço aos irmãos que se concentrem e façam uma análise crítica dos grupos que participam e das leituras e vídeos que serão acessados por vocês.

Será necessária uma seleção por todos vocês acerca de tudo o que até vocês chegar, uma vez que a divulgação da Verdade divina vem se expandindo de uma maneira extremamente veloz, tal como já está acontecendo com as modificações energético-estruturais no Planeta Terra, o que engloba todos os seres nele habitantes, sejam eles humanos ou não, encarnados ou que estejam apenas na esfera espiritual.

Esta expansão é necessária, mas é importante que atinja aos interessados dentro de suas percepções particulares e do grau de abertura que apresentem às informações inovadoras que vêm sendo passadas.

Se não houver, por cada um, uma escolha adequada, poderá ensejar o efeito inverso, o afastamento do Ser às verdades disponíveis, exatamente em virtude do excesso, que acaba assoberbando sua mente, que te bloqueia e naturalmente passa a repelir as informações e, com elas, as energias divinas que deveriam adentrar em sua mente e seu cotidiano!

Portanto, meus irmãos, com muita tranquilidade, escolham quais linhas de ensinamentos desejam agora bem compreender e, paulatinamente, adentrem com força total nas lições passadas, sem se dispersarem com informações para as quais ainda não estejam ou não se sintam aptos a compreender.

Estejam certos de que em breve período já estarão prontos para galgarem mais um degrau e seguir na apuração divina de seu consciente, para o despertar da sua mente e de suas condutas dentro do contexto da Nova Era!

Não fiquem ansiosos, pois tudo será revelado de acordo com a abertura dada por cada um, sem violações bruscas do que já conheciam, mas com transformações profundas e belas em seu consciente, a lhes levar à conexão pura e verdadeira com o Universo divino, que é Deus!

A Serenidade, meus irmãos, é o alicerce da sabedoria divina!

Respirem fundo, soltem a energia densa acumulada do dia a dia que estiver em você ou próxima de você... respirem mais uma vez e imaginem a Luz Dourada da sabedoria descendo do alto de sua cabeça, ocupando todo o seu cérebro e descendo após para seu corpo. Permaneçam nesta luz por alguns segundos e então solicitem a toda espiritualidade da falange Celestial do Mestre Confúcio e do Arcanjo Jofiel que traga até vocês a luz necessária à tomada de vossas decisões!

Após, confiem nas respostas que serão passadas a vocês, meus irmãos! Confiem!

Estas respostas poderão ser identificadas como um pensamento constante sobre o que fazer, o que escolher e como fazer, aliada a uma palpitação em seu coração e uma certeza, sem muita possibilidade de o ser comprovadamente, mas que lhe traz uma sensação de segurança, tranquilidade e alívio.

Estas sensações, somadas aos ensinamentos divinos, trazem a certeza da tomada da correta decisão, dentro do Caminho da Luz!

Mais uma vez, lhes convido a confiar em suas intuições, uma vez que neste momento de alteração evolutiva da Terra estão sendo potencializadas, para uma melhor conexão com o Divino!

Muitos denominam estas intuições como a escuta de seu coração, porque dentro de seu coração, do chakra cardíaco, há a Chama Trina que foi plantada nos humanos por Deus, para que eles pudessem expandi-la e se elevarem espiritual e energeticamente.

As intuições são abarcadas pela Luz Rosa, do amor incondicional puro, dentro da Verdade divina do bem e da cura material e emocional, bem como pela Luz Azul da proteção e da fé na crença no seu Eu Sou Deus, na sua constituição pura e divina.

Há, no centro, entre estas duas Luzes, a Dourada, da Sabedoria Divina, que, protegida pela Azul e acolhida pela Rosa do amor, tem o poder de lhe trazer todas as respostas a afastar seus medos e suas ansiedades e lhes trazer a segurança de que caminham dentro do Caminho, da Verdade e da Vida em Cristo, conectados com a mais alta e pura espiritualidade do bem e energias positivas de amor e paz!

Eu já fui o guardião do Raio Dourado, mas assumi a função de coordenar os trabalhos evolutivos da Terra, juntamente com Jesus. Portanto, meus irmãos, estarei aqui para vos auxiliar sempre que precisarem.

Poderão acessar minha energia de várias maneiras, seja me invocando como atualmente me apresento a vocês, seja também mediante a Oração de São Francisco de Assis, que foi a mim destinada para muitas crenças cristãs, diante de uma das passagens que tive no Planeta Terra, sendo certo que, de fato, diante da função do despertar para a Sabedoria Divina que eu já havia assumido, revela o modo como se tornar cada dia melhor e mais evoluído espiritualmente.

É, na verdade, uma orientação para que sigam no Caminho da Luz, aumentando a cada conquista diária dos versos na Oração inseridos, sua proximidade com a Energia Maior.

Assim, meus amados, sejam instrumentos da paz de Deus e levem amor aonde houver ódio. Com suas atitudes, transmitam alegria e fé aos sofredores ou perdidos nas tristezas e nas dúvidas, para que a certeza divina os invada. Consolem mais, compreendam mais, perdoem mais, doem-se mais do que outrem e não esperem o mesmo em troca pelos humanos, cientes de que terão o retorno certo do Divino, que viabilizará uma vivência terrena e espiritual mais feliz para vocês!

Queridos irmãos, como é maravilhoso ter a oportunidade de dizer isso tudo a vocês!

Sinto que, de fato, é chegada a hora de todos nos unirmos em UM SÓ Deus de amor e misericórdia, em uma só Energia Suprema, o que em breve será alcançado, mediante a expansão adequada e responsável do seu Eu Sou Divino, da Chama Trina que está dentro de vocês!

Estou a todo segundo olhando por vocês, juntamente com todos os trabalhadores e as colônias espirituais de auxílio ao Planeta Terra.

Muita Luz, meus irmãos, de todas as cores e muita Luz Dourada para que alcancem a Sabedoria Divina do que pretendi hoje passar a vocês!

Eu Sou o amor e a luz dentro de cada um de vocês!

Eu vos amo!

Eu Sou Mestre Kuthumi.”

(Mensagem canalizada em 04/07/2018)

Mestre Jesus: Verdade Divina

“Aos meus irmãos, um bom dia, uma boa tarde e uma boa noite todos os dias de vossas vidas terrenas!

Vocês deverão sempre buscar a paz interior, dentro de vossos corações, devendo entrar em contato com o seu Eu Sou Crístico, que é DEUS, para obterem o elixir necessário para uma vida feliz e divina, equilibrada e sem tropeços, sem angústias, sem raivas ou ódios, sem limitações do ego, meus irmãos!

Essas restrições que o ser humano impõe todos os dias ao ser espiritual causam sensação de perda, vazio, arrogância, orgulho, vaidades, que provocam em vocês uma tristeza profunda em momentos de solidão, e confundem vossas mentes, podendo até mesmo levar a desiquilíbrios mentais, depressões, estranhezas com vossos próprios seres, levando muitos a não mais desejarem viver.

Fiquem atentos e vigiem-se, meus irmãos que tanto amo!

Tenham compaixão de vós mesmos e transmutem suas vidas!

Mudem hoje mesmo seu caminho no que não lhe agradar, mas, para isto, busquem o Caminho da Luz, da Verdade Divina de que vós sois DEUS, o Poder e a Glória para sempre!

Iluminados, terão clareza para as corretas escolhas e para se livrarem das amarras que vos prendem ao ego não cuidado.

Irmãos, a Verdade é que não existem limitações para o corpo espiritual, para o poder da mente positiva na realização dos vossos desejos cristãos e puros sem maldade. Não há, meus irmãos!

Se desejarem ter algo que possa lhes trazer o bem e auxiliar em vossas evoluções, basta concentrarem seus pensamentos para que a energia do Universo (Deus) lhe traga sua realização, a qual estará envolvida no puro Amor Divino!

Estas realizações também não apresentam limites, meus irmãos. Podem ser de quaisquer naturezas — intelectuais, pessoais, materiais, inclusive financeiras —, desde que destinadas para o seu bem e dos demais ao seu redor!

A concentração pode ser feita através de meditações, orações, pensamentos positivos por alguns minutos sem interrupção e tantas outras formas de busca de equilíbrio energético.

A receita para o sucesso de vossos desejos puros está dada, dentro da Verdade Divina, do Caminho que tentei mostrar a vocês quando estive na Terra.

Tudo que fiz, ainda humano, foi me concentrar com finalidade divina, para materializar meus desejos de cura ao próximo e para tentar passar a mensagem divina que me foi confiada.

Dentro de vocês, existe uma Chama Trina do Perdão, da Sabedoria e do Amor Incondicional para representar o Deus Eu Sou em cada um, pois todos fomos criados à imagem e semelhança de Deus. A Chama deve se manter acesa para que não percam o sentido da vida, das encarnações na Terra e da necessidade de evolução espiritual.

É isto, meus irmãos!

Verdade em todos os momentos de seu dia e de sua noite!

Verdade, paz e amor para seguirem no Caminho da revelação que hoje vos foi dada e que vem sendo passada cotidianamente através destes mensageiros da luz!

Paz e amor!

Eu vos amo e estou convosco,

Eu Sou Mestre Jesus."

(Mensagem canalizada em 25/04/2018)

Mensagens dos Mestres Ascencionados dos Raios de Luzes

1º Raio: Luz Azul

Mestre Ascencionado: El Morya
Arcanjo: Miguel
Dia da Semana: Domingo
Virtudes: Força, Poder Pessoal, Vontade Divina, Proteção, Liderança, Fé.

Decreto do 1º Raio: Luz Azul
Arcanjo Miguel, que prevaleça em mim a Vontade Divina.

Mestre El Morya: Fé e Coragem

"Irmãos, sejam fortes! Sigam!

O amor protegerá vocês!

A Luz Azul estará ao redor de vocês sempre que invocarem! Ela forma um verdadeiro escudo protetor, em todo o seu corpo e sua mente. Até na vida, tudo melhorará!

Mas devem ser persistentes, porque no começo parece que tudo piora, intensifica e pode até amedrontar, mas se tens Fé, não haverá espaços para o medo!

A Fé afasta o medo! São incompatíveis!

Fé em Deus, Pai do Universo!

Vocês o tempo todo se esquecem da Lei da Atração, não se esquecem? Então, Vigiem-se! Orem!

A oração concentrada é uma meditação que atrai energias boas e as luzes necessárias para sua proteção!

Energia positiva atrai mais energia positiva!

A energia negativa existe por aí espalhada e não se conectem a ela. Isso somente caberá a vocês!

Se estiver mal, ore e receba energia!

Estando bem, doe energia! Doe para o outro e busque simultaneamente para você mesmo!

Deixem-se ser amparados! Por que não deixam muitas vezes?

Acham que é bobagem ou que não merecem ou que primeiro devem se redimir dos pecados para merecerem o bem, o perdão e a energia do mundo positiva? Não, meus irmãos! Não!

Vocês podem começar agora mesmo sua autolimpeza com orações e recebimentos de energias e, quando preparados, doarem também!

Fiquem com Deus!

Louvem o trabalho de vocês!

A espiritualidade agradece e espera sinceramente que vocês se limpem para o encontro de si mesmo.

Eu Sou Mestre El Morya."

(Mensagem canalizada em 24/07/2017)

2º Raio: Luz Dourada

Mestre Ascencionado: Confúcio
Arcanjo: Jofiel
Dia da Semana: Segunda-feira
Virtudes: Iluminação, Ciência, Conhecimento, Sabedoria, Tecnologia, Inspiração.

Decreto do 2º Raio: Luz Dourada

Arcanjo Jofiel, me impulsione à sabedoria de acreditar em mim mesmo, no meu poder e na minha luz.

Mestre Confúcio: Chama Trina

"Luz, meus irmãos! Muita luz no vosso caminho!

A Nova Era será formada por seres de muita luz e por isto vocês precisam permanecer sempre na luz!

A Luz Dourada, meus irmãos, quando invocada, traz sabedoria divina às suas decisões!

É hora de se decidirem pelo caminho do bem! Então, quando estiverem em uma situação de dúvida sobre o que fazer, fechem os olhos e chamem a Luz Dourada, que serão auxiliados pela espiritualidade guardiã desta luz tão divina e que tanto confortará vossos corações nas escolhas certas que fizerem! Mas, irmãos, confiem quando receberem a mensagem divina, que na verdade brotará de vossos corações, da Chama Trina que há dentro de cada um.

Na Chama Trina há a Luz Azul da proteção e da fé que vibra à sua direita, a Luz Dourada da sabedoria divina ao centro e a Luz Rosa do amor incondicional e do perdão vibrando à sua esquerda, formando a centelha divina deixada por Deus Pai em cada ser humano que está encarnado no Planeta Terra. Esta Chama permanece acesa, mas, para muitos, bem insipiente e fosca. Não a deixem assim, meus irmãos! Acendam-na um pouco todos os dias, que ficarão protegidos e não sairão do caminho da luz!

A Luz Dourada trará para vós um pensamento constante sobre o que deverá ser feito, dissipando a dúvida.

Mas se ainda não tiverdes tanta fé para crer na sua voz interior, some seu pensamento com os efeitos práticos que produzirão e, se prevalecer o bem, a misericórdia, o perdão e a caridade, podem ter certeza de que estarão abrangidos pela luz em sua decisão. Confiem!

A Sabedoria está em cada ato, em cada passo que seja dado com base em todos os ensinamentos divinos que vêm sendo transmitidos a vocês! Atrai o sucesso em todos os âmbitos de sua vida, porque está intimamente ligada ao pensamento positivo, que produz energia e atrai mais energia positiva.

Muita Luz Dourada todos os dias para todos os irmãos!

Fiquem em paz com vossas consciências!

Eu Sou Mestre Confúcio."

(Mensagem canalizada em 09/05/2018)

Mestre Lanto: Sabedoria e Equilíbrio

"A Sabedoria, meus irmãos, dentro dos ensinamentos de amor, é reconhecer que estão todos em aprendizado constante no Planeta Terra ou espiritualmente fora dele!

Toda a organização social em que hoje estão inseridos é fruto de uma evolução milenar, com o merecimento aos habitantes da Terra do acesso às mais altas tecnologias e descoberta na medicina, na física, na química, na biologia dentre tantas outras ciências que vêm cada dia sendo mais apuradas!

A Verdade é que as ciências holísticas chegaram até vós em virtude do grau evolutivo em que os seres terrenos estão, para permanecerem no mesmo compasso da evolução do próprio Planeta, uma vez que precisam compreender que toda a evolução médico-tecnológica também se dá sob a luz da Sabedoria Divina, enviada àqueles que a ela se conectam, aliada à elevação ao nível do consciente de que tudo e todas as evoluções estão acompanhadas do aumento gradativo da consciência divina do Eu Sou Luz de cada um.

Ciência, tecnologia e fé na divindade da energia pura do Universo sempre andaram juntas, meus irmãos! Mas poucos a elas possuíam acesso cognitivo, consciente. Não importava muito para muitos, pois eles acreditavam em si mesmos e o poder que eles mesmos possuíam e, assim, acabavam se conectando com a Energia Suprema, atraindo para si, com a força de seu pensamento e da crença em seu coração, a Luz Dourada da Sabedoria, que então lhes auxiliava a seguirem nos seus experimentos e raciocínios, até alcançarem importantes conclusões e inovações benéficas à saúde e à vida como um todo aos humanos e aos demais seres que estão encarnados na Terra, desde os animais às plantas e vegetais em geral.

Mas, agora é hora de unirmos estes conhecimentos, meus irmãos: Ciência e Fé! Toda descoberta, inclusive estas que lhes vêm sendo passadas em nível espiritual, envolvem em seu âmago a essência energética movimentada por sua própria energia e foi por isto que descobriram um dia o átomo e sua função, que é pura energia a constituir toda a matéria do Planeta Terra.

Esta energia se junta com outras formando substâncias e assim sucessivamente, produzindo mais energia ao seu redor.

Portanto, tenham consciência de que todos, por serem energias, produzem também energia, seja por seus movimentos, seja com a força de seu pensamento, sendo ainda mais forte quando o pensamento vem dos batimentos de seu coração!

Irmãos, é exatamente por isso que peço a todos que vigiem seus sentimentos, pois todo o tipo de energia intensificada produz mais da mesma energia, incluindo as más e as densas. Por isso, também, estamos constantemente trazendo a todos a conscientização de que devem a cada dia purificar seus pensamentos e sua energia, para que se conectem apenas com boas energias, atraindo para vós a energia Sublime de paz e amor, a viabilizar o contato puro com energia dourada da Sabedoria Divina, a lhes guiar com segurança em vossa caminha terrena e espiritual!

Poderão canalizar suas energias para o êxito de todos os seus propósitos de sucessos pessoal, profissional, financeiro, familiar, todos meus irmãos!

Mas, este intento somente poderá ser alcançado para o bem se estiverem conectados às energias positivas, de modo que, se alguma negativa lhes vier perturbar ou lhes retirar do caminho, tenham forças suficientes para manterem ou restabelecerem a conexão com a espiritualidade divina e guardiã de suas virtudes, afastando de vós todo o mal e toda a limitação!

Sintam-se merecedores deste conhecimento e de tantos outros que lhes vêm sendo passados e façam sim bom uso deles! Exercitem-nos!

Por fim, gostaria apenas de alertá-los para que tomem cuidado com suas emoções!

Quando se clamam por ouvir vossos corações, significa o seu Eu Sou Divino que está dentro do seu chakra do coração, este Eu Sou perfeito e puro, que não foi ainda maculado pela ganância, pela vaidade, pela avareza, pela luxúria, pelo medo, pela insegurança, pela ansiedade e por tantas outras energias densas limitadoras.

O Eu Sou está no seu coração e, conectado o humano com a Pura Energia Divina do Universo, poderá ouvir todas as respostas aos seus questionamentos com clareza.

Mas, para isto, precisam ter fé em tudo isso e também em vós mesmos, fé esta não cega, mas raciocinada e afastada das emoções exageradas, que desequilibram suas energias!

Pode parecer estranho, mas a fé isenta de emoções se fortalece com o direcionamento de seus pensamentos naquilo que de fato é bom para vós e para o coletivo à sua volta e, por estar esta fé/crença vinculada a algo raciocinado, para uma finalidade positiva, trará para vós a mesma energia do bem, sem emoções descontroladas, de maneira límpida!

Meditem! Orem!

Que o vosso coração pulse na luz divina e que todos vós consigam acessar sua voz, que brota de seu Eu Sou Divino, deixado por Deus Pai em cada um, para que a elevação da consciência atraia a Luz Dourada da Sabedoria Divina aos humanos e possam ser brindados a cada dia com mais descobertas luminosas e pacíficas, para uma vida melhor na Terra e na espiritualidade!

Eu Sou Mestre Lanto, que auxilia no equilíbrio dos que desejam estabilizar suas emoções e acessar seu Eu Sou interior!"

(Mensagem canalizada em 11/07/2018)

3º Raio: Luz Rosa

Mestre Ascencionado: Rowena
Arcanjo: Samuel
Dias da Semana: Terça-feira
Virtudes: Perdão, Amor Incondicional, Tolerância, Beleza, Bondade, Gratidão.

Decreto do 3º Raio: Luz Rosa
Arcanjo Samuel, que eu possa desenvolver a plena e total capacidade de amar.

Mestra Rowena: Perdão Divino

"Meus irmãos!

Sejam persistentes na luz divina do Amor Puro Incondicional!

Esta luz que irradia no mundo trazendo uma forte caridade dentro de seus corações, através da compaixão pelos seus erros e por meio do auxílio aos outros!

Sejam pacientes e bondosos com vocês mesmos! Perdoem-se!

Os erros diários podem perfeitamente ser combatidos com o arrependimento sincero e com a mudança de comportamento do seu cotidiano.

Para isto, fiquem vigilantes e observem com atenção suas condutas consigo mesmos e com os demais ao seu redor, sua família, principalmente, além dos amigos e colegas de trabalho.

O amor pode ser exercitado através de um olhar compreensivo às ações descabidas e desprovidas de lógica energética e espiritual daqueles que ainda se encontram perdidos e desequilibrados da luz pura e divina do Pai celestial amado!

Então, tenham compaixão!

E se perceberem que também se desequilibraram e que agiram de maneira

21

intempestiva, fora do que se espera na conexão da energia positiva, acalmem-se e perdoem-se!

Chamem as luzes e seus anjos da guarda, bem como toda a Espiritualidade de Luz que insiste em vos auxiliar nesta passagem de fases no Planeta Terra, que eles irão sim!

O livre arbítrio utilizado no mais puro amor será a solução dos problemas de vocês no mundo!

Arrepender-se do que fez de errado e mudar o curso de seu caminho é algo maravilhoso, trazendo muita alegria à espiritualidade que cuida de vocês! Não é falta de mérito, pelo contrário, é puro mérito de evolução espiritual nesta encarnação!

O amor vos une! O ódio, o desprezo, a angústia e a raiva vos separa e dispersa a energia positiva necessária à sua proteção nesta mistura de energias densas na Terra!

Sejam fortes na fé e não se dispersem!

Esta é a Nova Era que está chegando, que necessita de prévia limpeza energética no Planeta e, por isto, tantas energias estão confusas, utilizando-se de ensinamentos religiosos para o mal, em total falta de nexo e lógica. Esta explosão de energias ao final servirá para separar as boas das ruins, portanto, protejam-se e preparem-se para a Nova Era do bem e do amor!

Tudo se acalmará e o processo evolutivo de cada um que se mantiver no plano terrestre será mais evidente, menos doloroso e o perdão divino cairá sobre aqueles que dele fizerem jus, que dele solicitarem com o mais puro e sincero amor, na intenção de verdadeira mudança espiritual e de conduta na encarnação.

Que a Luz Rosa do amor incondicional, do perdão e da bondade possa abraçar vocês hoje e sempre, trazendo um dia mais feliz e um tempo de regeneração interior para cada ser!

Eu vos amo muito!

Invoquem o Deus Eu Sou, que é a energia divina que está dentro de seus corações, com a Luz Rosa do Amor!

Eu Sou Mestra Rowena, da Luz Rosa do amor incondicional."

(Mensagem canalizada em 20/06/2017)

Mestra Rowena: Amor e paz

"Sou um ser da Luz Rosa do amor incondicional, que veio aqui hoje para transmitir a todos vocês o sentimento inerente ao amor e ao perdão, à paz que o perdão traz!

Amor e perdão: a receita para uma evolução espiritual adequada a cada ser de luz encarnado!

Não se conecte com energias ruins! Perdoe-se quando se perder dos ensinamentos divinos: faça isso o tempo todo!

Perdoe aos outros e se esforce para isto. Você vai conseguir!

Isto te libertará dos males da encarnação no corpo humano, que carrega marcas de outras vidas passadas!

Fiquem vigilantes, sempre!

Que assim seja!

Eu Sou Mestra Rowena."

(Mensagem canalizada em 27/04/2017)

4º Raio: Luz Branco-cristal

Mestre: Seraphis Bey
Arcanjo: Gabriel
Dia da Semana: Quarta-feira
Virtudes: Purificação, Limpeza de Karmas, Ascensão, Equilíbrio, Pureza, Paz, Silêncio, Ressurreição.

Decreto do 4º Raio: Luz Branco-cristal

Arcanjo Gabriel, desperte em mim a purificação de meu ser a caminho da ascensão.

Mestre Seraphis Bey: Fé e Coragem

"Meus irmãos na luz!

Trago a vocês uma mensagem de luz para o seu dia de hoje e para que a levem consigo por todos os demais dias!

Sei que, muitas vezes, os problemas parecem tão difíceis que trazem um desânimo à elevação da fé que está plantada dentro de seus corações.

Mas, tenham certeza de que será exatamente o fortalecimento desta fé, com aquecimento de seu coração, que poderá enfrentá-los de maneira salutar, de modo a ser reerguerem mais fortes na espiritualidade e no amor puro divino.

Escutem seus corações, ou seja, aquelas mensagens que lhes são passadas pela espiritualidade, sobre como agir na fé!

Atentem-se, porém, para a escuta dentro da fé raciocinada, desprovida de emoções exageradas, a tornar turva sua compreensão, evitando-se que decidam pelo caminho errôneo do aguamento do ego e de todos os sentimentos confusos que ele, quando em relevo, causa no ser humano.

Todos os humanos são espíritos de luz em evolução, um dia corrompidos pelas prisões causadas pela supervalorização do ego, tais como vaidades, sentimentos de superioridades, narcisismos, preconceitos de todas as naturezas, como se vocês fossem os mais corretos e perfeitos, até mesmo causando humilhações, desalentos, desprezando outrem, sem reconhecerem seus próprios erros, seus próprios defeitos, ainda em tratamento evolutivo.

Mas, saibam, irmãos, esses tempos de prevalência do ego, a causar medos, frustrações, inseguranças, está passando e é importante que entrem todos na energia divina pela busca da perfeição.

Pensem com toda força e fé que são perfeitos, para atrair para vós mais perfeição espiritual, sempre vinculando seus pensamentos à isonomia e à igualdade dos seres terrenos, para que não menosprezem ninguém e não se sintam mais do que ninguém, mas sim para que em uma autoavaliação, se sintam melhores como pessoas e espíritos, dentro dos ensinamentos divinos, para servirem sim como exemplos de amor e caridade aos que procuram em quem se espelhar para evoluir.

A busca da perfeição, meus irmãos, passa primeiramente pelo perdão do passado em outras encarnações e vivências nesta vida atual.

Passa também pelo exercício do amor incondicional, que pode ser alcançado pelo perdão, pela misericórdia e pela caridade, amor este que deve ser falado e demonstrado, meus irmãos!

Para que consigam alcançá-lo, busquem conexão com as energias divinas que estão dentro de vocês!

Busquem a paz e o equilíbrio entre corpo, mente e espírito!

Todos precisam de calmaria nesta vida terrena tão acelerada.

A calmaria da mente, principalmente nos momentos de maior dificuldade, trará luz e conexão divina para entenderem o que deverão fazer para dos problemas se livrarem, de maneira saudável e evolutiva.

É esta paz de espírito, meus irmãos, que fará com que escutem as mensagens de seu coração de maneira correta, sem interferências emocionais causadas pelo ego, tornando-se seu guia de fé raciocinada, para condução de seus passos rumo à perfeição espiritual e à evolução do espírito que se espera, ascensionando seus anseios, para a materialização de seus desejos puros!

Fiquem em paz! Busquem a paz!

Paz! Paz! Paz!

Muita Luz Branco-Cristal!

Eu Sou Mestre Seraphis Bey."

(Mensagem canalizada em 23/05/2018)

Mestre Seraphis Bey: Alegria e Paz

"Sim! Digam sim ao amor e à alegria!

Deixem que ela, a alegria, entre na vida de vocês como uma chama que aquece seus corações, porque tudo na vida é mais fácil quando se tem alegria e amor!

Sorriam! Amem!

Perdoem-se! O perdão verdadeiro aos outros nos torna felizes e isso atrai mais plenitude e abre os caminhos para sua redenção!

Já foi dito que sem a caridade não há salvação!

Todos que trabalham ou já trabalharam na caridade sabem o tanto que traz alegrias ao nosso coração e Santo-Ser-Crístico!

A paz é tranquila e calma e a alegria lhe torna pacífico e tranquilo para todos os enfrentamentos!

A felicidade está nas pequenas, mas também nas grandes coisas! É um estado de espírito puro e pacífico!

Que a paz e a pureza do Espírito Santo de Deus Eu Sou se renove em cada um e transmitam a paz de Cristo ao mundo!

Confiem em cada aprendizado. Coloquem em prática e seguirão felizes!

Que a Luz Branco-cristal pacifique os seres encarnados e desencarnados!

Muita paz,

Eu Sou Mestre Seraphis Bey."

(Mensagem canalizada em 30/03/2017)

5º Raio: Luz Verde

Mestre Ascencionado: Hilarion
Arcanjo: Rafael
Dia da Semana: Quinta-feira
Virtudes: Cura, Justiça Divina, Verdade Divina, Concentração, Consagração, Dedicação, Prosperidade.

Decreto do 5º Raio: Luz Verde

Arcanjo Rafael, me liberte do julgamento, do orgulho e do egoísmo e que a verdade prevaleça em mim.

Mestre Hilarion: Equilíbrio e Harmonia

"Que a Luz Verde da cura esteja com todos vocês!

Nesta corrida terrena, os desafios diários tentam derrubá-los, além do cansaço físico, sendo preciso cuidar do principal, o Espiritual.

Travam-se batalhas em equilibrar todos os sentidos da vida terrena, unindo o físico e o espiritual. O físico suporta a base do dia a dia terreno, devendo ser alimentado e cuidado para que haja perfeita harmonia com o desempenho das suas funções.

O espiritual é alimentado pelos seus pensamentos, alegria, amor, para que dê grande suporte para o corpo físico e juntos interagir na mais perfeita sincronização.

Não alinhados, criam-se o desequilíbrio, as doenças originárias e refletidas no

25

corpo carnal (físico). Mantenha o espírito harmonizado para que não prejudique o outro e vice-versa (físico e espiritual).

Irmãos, o grande segredo desta vida terrena chama-se equilibrar os dois corpos (físico e espiritual) e prosseguir nesta evolução traçada desde sua reencarnação. Atentem-se sobre como tratar seu corpo físico através da medicina terrena, dos medicamentos, vitaminas, exercícios e como se cuidarem saudavelmente para que possam gerir de forma plena as missões traçadas.

Esses desafios são grandes, enobrecendo seu desenvolvimento terreno.

Cuidando do seu espírito através das orações, das meditações, dos fluxos de energias positivas que são alimentados espiritualmente deixando sua Tela Búdica (chakra coronário, situado no alto da cabeça, responsável pela ligação do ser com Deus, a Pura Essência Divina) em pleno equilíbrio, nada de manchas ou rasuras nessa tela, esses são os propósitos que Eu e o Pai temos para todos vocês, meus irmãos.

Constatando uma parte ou outra, tenha equilíbrio, repouso, venha de encontro a si mesmo, medite e acharás o seu ponto de equilíbrio.

A cura provém de vocês mesmos irmãos, de sua fé, lembre-se que o Mestre citou na sua passagem pela Terra, a fé move montanhas. Se sua fé for igual a um grão de mostarda, dirás para o monte se deslocar para outro lugar e ele te obedecerá.

Fortaleçam, meus Irmãos, sua fé, nunca a perca, por mais dificultosa que for a batalha. O Pai não desampara seus filhos. Alimentados, estarão seguros e firmes na missão conforme abordado há pouco.

Deixo com todos vocês essa Luz Verde, balsâmica sobre seus familiares, sobre o Universo, para que o fardo se torne cada vez mais suave, leve como uma pluma. Irmãos, sinto grata felicidade em deixar mensagens simples e curtas para vocês não a esqueçam no dia a dia. Embora todos saibam seus deveres, as mensagens devem ser ditadas sempre!

Amo todos vocês meus Irmãos.

Eu Sou Mestre Hilarion."

(Mensagem canalizada em 23/10/2018)

Mestra Maria: Equilíbrio e Respeito

"Queridos filhos!

Fico daqui, por vezes, consternada com tanta aflição que vocês vêm passando neste Planeta Terra no atual momento!

Mas, também, permaneço, muitas vezes, tentando entender por que é tão difícil as pessoas seguirem o caminho de Jesus Cristo?

Sei que as mazelas causadas pela elevação do ego e consequente exercício inadequado de suas escolhas, fora do livre-arbítrio ao qual se propuseram, fez com que energias muito densas pesassem sobre vocês durante séculos, e ainda pesam para muitos até hoje. Estas energias estão se encontrando meus filhos e precisam ter cuidado, para que não lhes atinjam.

As energias semelhantes, para o mundo espiritual/energético de luzes, acabam se atraindo e não se repelindo.

Então, queridos, devem compreender que muitas delas estão se juntando indevidamente em diversos pontos do Planeta, porque estão sendo repelidas por energias de luz que estão se expandindo, para a modificação kármica do Planeta em que vivem agora, que selecionará energias menos densas e mais iluminadas para nele permanecer.

Filhos, peço encarecidamente a vocês e toco seus corações no momento desta leitura, rogando EU a vós agora, que abram seus corações à entrada de Deus Pai, ou seja, das energias positivas trazidas pelo Universo Supremo de amor e misericórdia!

Isso será necessário para que se protejam destas energias ruins que estão perambulando por aí! Elas se juntam a outras semelhantes e acabam levando para o além pessoas que teriam plenas condições de se manterem na luz, mas nada fizeram, exatamente porque não deram a seu espírito, ou para muitos, à sua alma, a verdadeira atenção e cuidados!

Não se cuida do espírito com atitudes materiais, meus queridos! Ele precisa de energias do bem, de aprendizados evolutivos, de práticas da caridade, da misericórdia, do autoperdão, do perdão ao próximo, do amor incondicional ao seu irmão, o que inclui o respeito até mesmo aos seus algozes!

Filhos, acordem! Levantem-se!

Iniciem agora a retomada de seu caminho espiritual, pois, sem isto, haverá grandes chances de se sucumbirem às energias malévolas que estão por aí!

Sei que por milênios houve diversidades de interpretações sobre Deus e as diversas doutrinas e dogmas, com atitudes até mesmo criminosas por parte de muitos, o que até hoje acontece. Contudo, é chegada a hora de se desvencilharem destes conceitos atrelados tanto ao passado quanto ao presente afastado dos ensinamentos divinos.

Para isto, aconselho aos filhos queridos que façam leitura ou estudos do Evangelho de Jesus, sem adentrar em muitas interpretações! A leitura fria dos textos da Bíblia poderá lhe trazer de volta ao rumo cristão. Por certo que, se já possuírem alguma crença dogmática/doutrinária, poderão sim fazer suas interpretações, a ajustar falas ditas por Jesus àquela época ao atual momento. Isso tudo, desde que, do que extraírem da leitura, nunca concluam nada com exageros ou extremismos, principalmente se suas conclusões levarem a um sentimento de repulsa a outras religiões e dogmas não extremistas.

Filhos, todas as boas religiões e doutrinas levam a um único lugar, a Deus!

Não importa para muitos as nomenclaturas utilizadas por cada uma ou o caminho que o espírito seguirá após a morte do corpo físico, se o importante, ao menos neste momento de transformação energética da Terra, é que evoluam seu espírito, de sua moral cristã e atitudes, nesta vida!

Este apelo feito neste momento por certo que não se esgota nesta fala, já que de fato há vida espiritual após o desencarne.

Mas, para muitos, falar sobre isto é um tabu e, então, peço apenas para estas pessoas que não desejam adentrar neste conhecimento, agora, que simplesmente compreendam que será aqui mesmo, nesta vida terrena, o momento mais importante para seu espírito sobreviver bem e fiel a Deus, que está dentro de sua alma, que reveste e dá vida ao seu corpo!

Precisam agir e atuar na misericórdia divina agora, queridos filhos!

Externei aqui hoje toda a minha preocupação com vocês, porque ando vendo perdas de pessoas maravilhosas, que vinham desempenhando seus compromissos assumidos em livre-arbítrio, mas que, por se descuidarem, acabaram se perdendo na loucura, nas doenças do corpo físico e até na autoflagelação e extermínio!

Nestas semanas em que venho recebendo tantas orações e energias dos fiéis cristãos e de tantos outros não cristãos, mas que também oram profunda e sinceramente, venho lhes dizer que AMO MUITO a todos e que desejo profundamente que tenham saúde espiritual, porque somente assim lograrão a felicidade plena e o amor, pois eles (a plenitude e o amor) estão dentro de vocês e se expandirão com sua própria transformação!

Orai e vigiai sempre, meus filhos queridos!

Que o Meu manto azul, junto com a falange Celestial de soldados de Arcanjo Miguel, proteja vocês de toda energia negativa e que a Luz Verde da Verdade Divina invada vossa mente e coração, de modo que traga força e cura às suas mentes e corpos, em harmonia e equilíbrio espirituais e energéticos!

Com todo o meu imenso e infinito amor, estaremos juntos de vocês e sempre atenderemos aos chamados sinceros às suas ressurreições cotidianas ao Divino!

Eu amo vocês!

Eu Sou Mestra Maria, Mãe de Jesus e de todos vocês!."

(Mensagem canalizada em 22/08/2018)

6º Raio: Luz Rubi-dourada

Mestre Ascencionado: Nada
Arcanjo: Uriel
Dia da Semana: Sexta-feira
Virtudes: Devoção, Misericórdia, Amor, Cura.

Mestra Nada: Bondade e Misericórdia

"Meus Filhos!

Pretendo no dia de hoje dedicar uma palavra de Misericórdia a todos os irmãos habitantes da Terra!

Esta palavra consiste na informação a vocês de que, durante este período de reformulação energética do Planeta em que vivem, terão com maior presteza a Misericórdia Divina, para a compreensão de seus problemas kármicos e também criados nesta vivência, em virtude de escolhas diversas do compromisso feito em livre-arbítrio para seu processo evolutivo.

Esta compreensão passa por lhes fornecer o poder da compaixão mais forte em cada um, a fim de viabilizar o verdadeiro perdão a seus próprios erros e a todos àqueles que um dia fizeram mal a outrem ou a tudo que há neste Planeta, disponibilizado por Deus!

Filhos, para isto, é necessária a reflexão sobre seus atos e o reconhecimento sincero do erro!

Não há, meus irmãos, problema algum em errar sem a consciência crística do mal produzido, desde que um dia vejam a verdade que está a permear o erro e suas consequências. Esta verdade encontra-se relacionada diretamente com a identificação do erro às limitações trazidas pelo ego, que deturpa o Eu Sou Perfeito em Deus que está em cada um.

Estas imperfeições foram evidenciadas nos ensinamentos de Jesus Cristo, quando passou por este Planeta. Ele tentou mostrar a todos que os erros não poderão prevalecer e sempre poderão ser corrigidos com o perdão sincero e com o amor incondicional. Este amor foi muito demonstrado através dos exemplos de misericórdia e caridade de Jesus aos seus irmãos.

Mas peço que reflitam toda esta passagem de Jesus de uma maneira positiva, sem inserções de culpas e tristezas!

Sim, Jesus sofreu como humano, mas o que de fato desejou transmitir não foi o seu sofrimento eterno, mas sim que este sofrimento existirá no espírito e na evolução dos irmãos que insistirem no erro, principalmente após terem suas consciências elevadas à Energia Suprema e Perfeita do Universo.

A intenção foi, ainda, a de demonstrar, através de atitudes praticadas por um humano, como poderão exercitar de verdade em seus cotidianos todas as virtudes do ser perfeito espiritual que está dentro de vocês.

Importante que vejam um Jesus Cristo feliz em ajudar pessoas, em ter misericórdia e praticar o perdão todos os dias, até das piores mazelas, como ocorreu em sua crucificação.

Filhos queridos, Jesus foi extremamente feliz e alegre em sua passagem, principalmente quando exercia a misericórdia e o perdão, pois assim era verdadeiramente livre!

Exercitem o perdão e libertem-se, meus filhos!

Libertem-se de todo sentimento ruim que lhes assole!

O perdão e o amor incondicional são o caminho para sua libertação e para seu caminhar leve e feliz!

As passagens bíblicas em que Jesus apresentou dizeres de maneira rígida e séria são importantes para lhes transmitir que a evolução e o seguir no bem são, de verdade, passos importantes e sérios em sua vida.

Deverão estar conectados à Energia Suprema e imparcial, sem sobrelevar emoções exageradas, de modo a permitir que o equilíbrio aparentemente frio, como foram algumas passagens bíblicas, sejam o norteador e o ponto de força para a anulação das exacerbações sentimentais, tanto dos sentimentos ruins, quanto do exercício dos bons!

Compreendam! Poderão amar incondicionalmente, mas deverão ter equilíbrio para o exercício deste amor ao próximo, sob o risco de interferirem, diante de exageros impróprios, na evolução do outro a quem ama, além de se desequilibrarem!

Sei que pode parecer difícil esta compreensão agora, mas tentei explanar de maneira bem objetiva sobre o exercício da misericórdia divina, que envolve amor incondicional, perdão, vontade divina, caridade, dentre tantas outras virtudes, todas elas exercidas de modo equilibrado, meus filhos queridos!

Busquem o seu equilíbrio energético-espiritual e tentem todos os dias a purificação de seus seres, no caminho do encontro com o resgate do Eu Sou Perfeito Divino, em conexão direta com Deus!

Aos poucos, lendo e relendo todas as mensagens que vem sendo enviadas a vocês, terão a paz de Deus para caminharem sem tropeços, cientes de que são seres lindos e perfeitos, em constante crescimento espiritual, rumo à Energia Suprema! Poderão, assim, amenizar, diante da Misericórdia Divina, sua passagem na Terra, para que seja cada dia mais feliz e pleno!

Eu vos amo! Estarei sempre aqui para lhes tocar e revitalizar o coração de bondade e da misericórdia que há dentro de cada um!

Com amor,
Eu Sou Mestra Nada!"

(Mensagem canalizada em 09/08/2018)

Mestra Nada: Caridade e Perdão

"Misericórdia, meus irmãos!

Hoje vim trazer esta mensagem a vocês!

Uma mensagem de puro amor divino, para o perdão e a misericórdia da alma e do corpo!

Quando vocês tiverem algum aborrecimento, seja por conduta própria ou do outro, seja por causas naturais e sociais da vida, tenham misericórdia de vocês e do próximo!

Filhos, irmãos, amigos, pais e outros parentes, bem como estranhos e colegas merecem nossa misericórdia, principalmente porque vocês mesmos também a merecem!

A misericórdia é a mistura do amor, do perdão, da caridade e da salvação, meus irmãos!

Ela traz paz e alívio aos seus sentimentos aflorados! Afasta a raiva e o ódio e traz a sensação de que estão se tornando pessoas melhores e mais evoluídas!

Apenas cuidado, para que não se transforme em soberba, já que não são melhores, nem piores do que os outros. Apenas podem estar num estágio evolutivo mais avançado e, portanto, podem se beneficiar mais das bondades do mundo, atraindo mais bondades e positividades para suas vidas terrenas.

Suas vidas poderão sim ser menos sofridas, meus irmãos!

Acreditem no poder divino dentro de vocês, no poder da misericórdia!

Tenham fé de que o exercício da misericórdia, nos mais simplórios momentos de suas vidas e também naqueles complicados, trará para vocês resignação e abnegação de todo sentimento ruim que, muitas vezes, assola suas mentes e, por conseguinte, seus corpos físico e emocional.

Tenham misericórdia quanto ao seu desafeto, ele não sabe o que faz, mas, você sim saberá perdoá-lo e terá misericórdia dele, para que sigam suas vidas sem amarras e livres para o amor puro e a purificação de vossos seres espirituais e carnais.

Na misericórdia, não se espera nada em troca! Simplesmente, sente-se o pleno exercício da bondade, apenas isto!

Que nosso Pai Celestial tenha misericórdia de todos nós e de vocês na Terra, a misericórdia do amor e do perdão para uma vida plena, liberta e feliz!

Eu vos amo!

Jesus te ama e está com vocês!

31

Eu Sou Mestra Nada, da Luz Rubi-dourada, do poder da força do amor, da fé e da misericórdia."

(Mensagem canalizada em 11/04/2018)

7º Raio: Luz Violeta

Mestre Ascencionado: Saint Germain
Arcanjo: Ezequiel
Dia da Semana: Sábado
Virtudes: Apelos, Compaixão, Transmutação, Transformação, Liberdade.

Decreto do 7º Raio: Luz Violeta

Arcanjo Ezequiel, auxilia-me na transmutação de meus karmas, para que eu possa alcançar a libertação e a capacidade de voar rumo ao Divino

Mestre Saint Germain: Transformação e Transmutação

"É hora de transformação, meus irmãos!

É hora de acordarem para a verdade divina!

Há algo muito além do que a humanidade, em sua maioria, até o momento entendeu sobre o que são e sobre aonde estão dentro de todo um contexto sistemático planetário!

Os humanos são apenas uma das espécies que habitam a órbita mundial, considerando-se como mundo a compreensão do todo que alcançam em pensamento terreno.

Diversas espécies existiram no Planeta Terra e o ser humano é mais uma delas. O Planeta Terra é local para morada de diversos tipos de seres, materializados ou não.

Todos fazemos parte de um único sistema Universal, comandado pela Energia Maior Suprema, pura e divina, cujas revelações serão passadas aos poucos, para que uma Nova Era possa se estabelecer de maneira salutar no Planeta Terra.

Estas revelações passam pela descoberta do valor espiritual que está em cada um.

O autoconhecimento, dentro da perspectiva da existência de um ser espiritual de luz puro e divino dentro de cada ser habitante da Terra abrirá as portas de maiores conhecimentos que serão passados. Na verdade, já estão sendo transmitidos a todo o momento.

Somente com a expansão da consciência do divino em cada um poderão alcançar mais conhecimentos e se conectarem com as energias puras do Universo, a lhes manter em harmonia com as novas energias evolutivas que pairarão sobre o Planeta Terra.

Aqueles que não lograrem se conectar com estes conhecimentos acabarão se perdendo energeticamente para as energias densas e serão encaminhados para outras Moradas, para que possam, através do livre-arbítrio, se conectarem à energia evolutiva da Nova Era.

Sempre há tempo, meus irmãos!

Não importa o que fizeram em vidas passadas ou nesta vida, neste momento especial!

Será concedida a misericórdia divina a todos aqueles perdidos, até os piores dos seres, para que tenham a chance de transmutarem sua energia vital e modificarem como foi anteriormente.

Poderão, através do perdão a si mesmos e ao próximo, envolvidos no amor puro incondicional, regenerarem-se e se conectarem às energias do bem!

Acreditem! O Pai todo poderoso, o Universo de bondade e amor, dará a todos a oportunidade de serem pessoas e espíritos melhores daqui para frente!

Peçam proteção divina, para que a falange Celestial do Mestre El Morya, auxiliada pelo Arcanjo Miguel e toda a Espiritualidade de Luz destinada à proteção dos seres, dentro da Fé, para que eles os cubram com uma energia pura da Luz Azul, formando uma bolha ao seu entorno! Clamem pelo aumento da Fé, potencializada com esta Luz Azul Cintilante. Usem muito a cor Azul, meus irmãos!

Fé! Muita Fé!

Com a força de seus pensamentos, invoquem a cor e a Luz Dourada, da sabedoria divina, para que lhes deem a intuição necessária ao bom e transformado uso de seu livre-arbítrio.

A Luz Rosa, do amor incondicional, será ampliada pelo perdão e ao lhe envolver, trará sensação de misericórdia, inclusive a si próprio.

Esta misericórdia, que advém do poder da Fé que está dentro de cada um, poderá ser potencializada pela Luz Rubi-dourada, que foi por muito tempo cuidada e enviada por Jesus, o Cristo que vossa consciência terrena conhece. Na amplitude, será levado a saber que hoje Jesus atua fortemente como Coordenador de todos nós nos trabalhos do Planeta Terra, estando a Mestra Nada como Chohan/Diretora deste Raio.

Meus irmãos, a Luz Branco-cristal, transparente, fará com que ascensionem todos os seus desejos mais puros e divinos, mostrando aos humanos que sua vida terrena pode ser melhor, desde que conectados com as energias do Mais Alto.

A Luz Verde Branco-cristal, quando invocada, auxilia na cura, juntamente com a Luz Azul, do manto sagrado de Mãe Maria, Nossa Senhora Mãe de Jesus na Terra, que protege e auxilia todos os seus filhos na autocura, na cura dos outros e no desenvolvimento das tecnologias na medicina para a cura, juntamente com o Mestre Hilarion.

A Chama Violeta, meus filhos, quando invocada, limpa todo o ambiente, limpa o ser de todas as mazelas do ego e o prepara a transmutação de seu ser à elevação divina.

Sou guardião deste Raio de Luz, que está em maior evidência nestes dois mil anos, estando os anos 2000 dentro deste espectro energético de transformação da consciência dos seres, já que envolvidos pela missão de regeneração da Terra e evolução energética dos seres que aí estão, encarnados ou não.

Meus filhos, a Luz Laranja-cristalina é sutil e traz a vitalidade de que necessitam para sua recuperação quando se conectarem com energias densas e se sentirem sugados e cansados exageradamente.

Não se deixem levar pelas baixas energias que rondam vocês!

A Luz Laranja protege de depressões que levam até ao autoextermínio. Protege de condutas de autoflagelação e de flagelação de outros seres, pois inebria o ser de energia vital, que é, por sua essência, divina.

Compreendam seus filhos e os protejam de todo o mal!

Orem muito para atraírem estas energias protetoras e transformadoras!

Leiam mensagens espirituais, bíblicas, quando focadas em uma felicidade plena em Deus, com o Universo! Afastem-se de energias densas!

Hoje, a leitura é de fácil acesso, com redes sociais e tecnologia dos aparelhos, muito desenvolvidas para este momento evolutivo e de divulgação das verdades divinas. Portanto, não as utilizem para disseminação de qualquer mal ou evidência do ego, ligado ao medo, à insegurança, às maldades, dentre tantas outras vibrações energéticas ruins!

Eu amo todos vocês e estarei aqui, em trabalho constante na espiritualidade e diretamente com os seres humanos, para viabilizar àqueles que acreditam na verdade da Pura Energia Divina a transformarem suas vidas e seguirem o caminho da luz e do bem!

Eu Sou Saint Germain, que passou na Terra como São José, esposo de Maria e pai de Jesus Cristo, e que tem a missão de auxiliar na transmutação do Planeta Terra e dos seres que nele habitam!

Eu Sou a Luz Violeta dentro de cada ser!

Aleluia! Aleluia!

Eu Sou Mestre Saint Germain."

(Mensagem canalizada em 26/06/2018)

Mensagens Finais
de Sabedoria Divina

Luz Dourada
Mestre da Colônia Vale Dourado

Mestre Jheriel: Amor e Paz

"Salve Mãe Maria e todos os Anjos da Luz Azul!

O Planeta precisa que todos enviem Luz Azul para todos os seres. O Azul permitirá uma conexão de pureza e equilíbrio entre as mentes que estão aflitas e perturbadas. O Azul do Manto de Maria fará com que todos os seres se unam no único propósito: equilíbrio, amor, paz e serenidade.

Todos os seres - minerais, plantas, animais e humanos- podem e devem encontrar a paz. Cada reino no seu grau de evolução precisa do equilíbrio para cada vez mais se tornar consciente do seu papel no processo de evolução do Planeta Terra.

Amem muito! Amor pela sua vida e pela vida de todos os seres. Sejam os seres que estão na etapa de micro-organismos, até os humanos que ainda se encontram na escuridão total, todos sem exceção, precisam de amor.

A cor Azul permitirá a abertura das mentes e almas endurecidas para que a cor de vibração Rosa tome conta dos seres em todos os níveis de evolução espiritual. A vibração Rosa do amor irá irradiar dos corações de todos os seres e de toda a galáxia.

Abençoo a todos com a Luz Azul para que cada ser emane a vibração da cor Rosa, a cor do amor incondicional.

Nos momentos de desespero, medo, cansaço e desânimo, inspirem a cor Azul e sintam-se amparados com o Manto de Nossa Mãe Maria!

Com paz, amor e gratidão.

Eu Sou Mestre Jheriel."

(Mensagem canalizada em 12/07/2018)

Chico Xavier: Abnegação e Dedicação

"Meus irmãos em Cristo!

Sejam vocês vossos guias para condução de vosso caminho nos ensinamentos de Jesus, para vossa evolução espiritual e terrena, já que neste momento o Planeta Terra também vem passando por uma mudança energética e relativamente aos espíritos que nele habitam, encarnados ou desencarnados. Estes, ainda perdidos, mas que com a energia de amor emanada por aqueles que possuem a compreensão sobre a necessidade de serem encaminhados, poderão também ser atendidos e seguir o caminho da luz!

Sou um amigo de vocês que permanece na espiritualidade para lhes auxiliar, principalmente aos irmãos que residem no Brasil, já que por muito tempo me dediquei aos trabalhos espirituais bem próximo dos necessitados, transmitindo também o exemplo de amor e dedicação ao próximo, como missão que a mim foi confiada pela Espiritualidade de Luz.

Emmanuel, que tanto me orientou, juntamente com André Luiz e outros tantos espíritos Trabalhadores da Luz auxiliaram neste processo e ainda atuam efetivamente, cada um a seu modo, em prol da emanação dos ensinamentos divinos a todos que desejam verdadeiramente evoluir.

Alguns deles, já reencarnados, outros, ainda na luz, tentam todos os dias transmitir o amor, a caridade e a prática do bem, como meios para salvação de todos nós, assim como eu permaneço nesta energia de amor, ainda em outra dimensão, a qual brevemente muitos de vocês também alcançarão em conexão, ainda que vivos na carne.

Queridos irmãos, leiam mais sobre a doutrina espírita, os livros que foram por mim redigidos em conexão com a Espiritualidade de Luz que enviava as mensagens, para que possam conhecer cada vez mais como funciona o lado espiritual e, assim, com ele se afinizem e se conectem de maneira sadia, inclusive, evitando as consequências ruins de atitudes desligadas dos ensinamentos do Cristo.

Mas, antes disto e de mais nada, se lograrem o simples alcance da conexão espiritual, já estarão abertos às entradas de energias em vossos seres etéreos, as quais prepararão o campo energético para assimilação mais profunda das benesses que as energias das luzes de todas as cores trazem para cada ser espiritual, formando conexões entre outros seres divinos encarnados ou não, numa grande corrente de luz protetora, a lhes auxiliar a superar todos os problemas que decorrerão deste momento de mudanças e de energias atrapalhadas e tumultuadas.

Isso é muito importante, meus irmãos! Conectem-se com as energias divinas!

Eu estou aqui na espiritualidade, muitas vezes indo às Colônias de tratamentos médico-espirituais e acolhendo pessoas sem crença espiritual enquanto encarnadas, mas que veem em mim uma fonte de confiança e reconhecimento enquanto médium na Terra.

Digo isto para que possam vocês seguir o mesmo caminho de abnegação e dedicação ao próximo, dentro do espectro da missão terrena profissional e pessoal que assumiram ao encarnarem, para que disseminem, através do amor e da caridade, os ensinamentos de Jesus Cristo e façam a transmissão da verdade ao próximo, relacionada à crença na existência da vida espiritual depois da morte.

Os Tarefeiros que atuam no auxílio aos necessitados, nas curas do corpo e da mente, devem ficar atentos para que possam trabalhar voluntariamente, sem qualquer evidência do ego, mas felizes por serem expansores dos exemplos de que o Eu Sou de cada ser terreno vivo possui os poderes de cura e harmonia, desde que em conexão saudável à Espiritualidade de Luz!

Com isto, ganham fé dos descrentes!

Sim, meus irmãos, continuem atuando em exemplo ao próximo e levem isto para vossa vida privada, para que lá também sirvam de exemplo de vivência de amor e caridade!

Por fim, venho lhes desejar um bom caminho, que sejam resignados dentro das virtudes potencializadas pelas luzes de todas as cores e tenham a certeza de que isto fará a diferença para vocês e para o outro que chegue até vocês!

A Luz Laranja refere-se à vitalidade e pensem nela sempre que se sentirem sugados energeticamente. Após, invoquem as demais luzes divinas nas cores das virtudes que desejarem evidenciar, principalmente a azul da proteção. Assim, conseguirão se levantar sempre que forem temporariamente abatidos por energias densas ou espíritos obsessores que se aproximem de vocês!

Aqui me despeço, dizendo-lhes que estou por perto, vendo a luta de cada um que tenha lido esta singela mensagem e para lhes dizer que esta luta não será em vão. Pelo contrário, trará os melhores frutos na vida espiritual e agora, com a evolução do Planeta Terra, também trará uma vida melhor aos que nele residem e compreendam a importância da conexão com a energia divina Suprema e perfeita, que é Deus!

Eu amo vocês!

Fiquem com Deus e que nosso senhor Jesus Cristo continue no comando lhes guardando de todo o mal!

Eu Sou Chico Xavier."

(Mensagem canalizada em 06/06/2018)

Mestre Jheriel: Iluminação

"Salve Nosso Senhor Jesus Cristo e a Virgem Mãe Maria!

É com muita alegria que me faço presente neste momento tão especial.

Momento de reconexão com o Divino, em que todos os seres estão se esforçando para buscar a luz e compreender a missão que vieram desempenhar no Planeta Terra.

Muitos pensam que cumprir a missão seja apenas ajudar aos outros e fazer caridade. É muito mais que isso.

Desempenhar a missão é iluminar-se para iluminar o Planeta.

E como se iluminar?

É preciso aquietar a mente, escutar a alma e sentir com o coração o fluir da vida. É compreender o quão é mágica esta existência. É conectar-se com o Universo! É conectar-se com a brisa fresca da manhã. É iluminar-se e banhar-se com os raios do sol quando caminha para o poente. É permitir que o canto dos pássaros afague sua mente. É sentir o perfume das plantas invadindo seu espírito. É compreender o olhar de um animal pedindo auxilio e ser capaz de sentir a sua dor, seu medo, seu afeto e acima de tudo sua gratidão.

É simples? Às vezes não, pois o ego tenta fazer morada na alma das pessoas. Não sinta vergonha de despir-se da vaidade e seja simples.

Cuide da sua alma com carinho como cuida do seu corpo. Sinta-se belo ou bela para a vida! Deixe a vida fluir e operar milagres no seu caminhar. Faça do seu caminho um momento de leveza. Transforme as pedras em degraus para alcançar o ponto mais alto da sua jornada: A ILUMINAÇÃO!

Vibre sempre as cores do arco-íris e ao deitar-se para dormir, cubra-se com o Manto Azul da Nossa Mãe Maria e sinta-se protegido, amparado e fortalecido para começar um novo amanhecer de fé, luz e esperança.

Com paz amor e gratidão!

Eu Sou Mestre Jheriel."

(Mensagem canalizada em 19/07/2018)

Luz Verde
Orientador Ismael – Integrante da Equipe da Colônia Médica
do Grande Coração e Astheriãn

Orientador Ismael: Emendas não são Sonetos

"Não se pode chegar ao pico sem atravessar a subida da montanha.

Muitos ignoram a necessidade de se respeitar etapas na vida e querem ir longe demais sem o conhecimento de causa.

E se perdem no caminho... não evoluem... retroagem.

E fica uma dor enorme no coração.

Ninguém quer voltar, ninguém quer fracassar e nem é preciso que tal ocorra, desde que saibamos nos conduzir conforme a música da vida, etapa por etapa, nota por nota, com calma, com ritmo, com tranquilidade de quem sabe o que faz e aonde quer chegar.

Na vida tudo se concebe num ritmo, no tempo da própria vida.

Quem governa tudo isso?

A experiência divina, o eixo de todos nós.

Não há como extrapolar os pontos básicos da vida, sem se perder no caminho.

As fases são necessárias, são crescimentos que nos permitem enxergar quão grande e perfeito é o mistério da vida.

Aprendamos, pois, a cumprir, passo a passo, a nossa caminhada, sem pressa de chegar, mas com bastante coerência com cada passo que se dá.

Deus nos protege, mas não nos guia sem nossos próprios passos.

Faculta-nos o direito de contribuir para a nossa própria caminhada.

Freemos nossos ritmos desorientados e busquemos a paz e a alegria de conquistar as veredas de um caminho seguro e constante, que nos reserva o direito de sonhar e de edificar.

Eu Sou Ismael."

(Mensagem canalizada em 27/02/2013)

Mensagem do Dirigente da Equipe da Colônia Médica do Grande Coração de Astheriãn e Grupo Anjos de Luz

Luz Verde, Luz Azul, Luz Dourada e Luz Branco-cristal: Dr. Helmuth - Integrante dos Conselhos de Amparadores e Evolutivo

Dr. Helmuth: O Caminho da Alma

"Louvado seja o nome de Cristo!

Salve a Equipe da Colônia Médica do Grande Coração de Astheriãn!

Como falei no Livro 1 <u>Quem EU SOU? - O despertar da consciência</u>, neste Livro 2 <u>O que estou fazendo aqui? - Em busca de si mesmo</u>, iniciaremos juntos a grande Busca. Busca essa que mostrará como conquistar e subir os degraus da escala evolutiva. A busca é um aprendizado de amor, de autoconhecimento, de perdão, de responsabilidade, de disciplina, de comprometimento, de humildade, de superação, primeiramente consigo próprio e extensivo aos familiares, amigos, ao próximo e a todos aqueles que o ajudarão a se encontrar e descobrir bem no fundo de sua alma, de seu espírito, a Essência Maior do Puro Amor Divino do Pai, O Mestre dos Mestres, o Arquiteto do Universo, Deus.

O encontro consigo mesmo é contínuo e gradual. Esse entendimento de quem **Eu Sou** e **O que estou fazendo aqui** é o início da grande jornada da alma em busca de sua essência pura, do despertar da consciência coletiva, do entendimento, compreensão e aceitação de que tudo que é bom para você, será bom para a sua família, para o seu próximo, para sua rua, sua comunidade, seu bairro, sua cidade, seu país, enfim para o Planeta Terra.

O despertar do Amor Incondicional nada mais é do que amar a si próprio, se enxergar sem máscaras, valorizar as virtudes que possui, trabalhar arduamente para mudança de suas posturas equivocadas perante a vida, perante a sua família e ao seu próximo. Lembrar-se que toda mudança começa a partir de si mesmo, em seus pensamentos, sentimentos e atitudes, enfim que a caridade começa em sua casa. Honre a seus ancestrais, ame, honre e zele por seus pais, ame e eduque seus filhos, lembrando que não basta somente amar os filhos, é preciso dar limites, amor e limites caminham sempre juntos.

E, por fim, você será capaz de enxergar em seu próximo, o reflexo de si mesmo, porque o Amor Incondicional mostra toda a sua beleza, sua magnitude e sua rique-za. É Luz que não se acaba, é Luz que cada vez mais ilumina, é Luz que transborda em todos os seres do Planeta Terra direcionando o curso das jornadas das encarnações, em busca da evolução, do entendimento e da compreensão do despertar da consciência coletiva.

A jornada da alma será guiada pelo Amor Incondicional que brilha como Luz Divina dentro de cada um. Nos sete Raios de Luzes, Mestres Ascensionados, Arcanjos e Decretos apresentados neste Livro, existe uma alquimia, uma panaceia universal capaz de curar todos as enfermidades que afligem o ser humano. Este medicamento eficaz é o Amor Incondicional.

Os sete Raios Cósmicos são a manifestação Maior do Amor Divino e estão concentrados na execução do Plano de Deus para o Planeta Terra e para o Universo. No primeiro Raio, você encontrará a pura manifestação da Vontade Divina. No segundo Raio, você silenciará sua mente para escutar a Voz Divina. No terceiro Raio, você libertará a sua alma das energias negativas, isso é possível somente através do Amor Incondicional, levando-o a ter a consciência plena de que na Terra são todos irmãos e filhos do mesmo Pai, Deus, despertando, assim, o sentimento de Fraternidade. No quarto Raio, você compreenderá o sentimento de Unidade, aprenderá a trabalhar em prol da Integração e Purificação da humanidade em perfeita Harmonia. No quinto Raio, você aprenderá a apreciar cada vez mais o Reino Vegetal, como fonte para encontrar a Pura Essência Divina da Cura. No sexto Raio, você entenderá o verdadeiro significado da Abnegação, do Desapego, da Devoção, da Misericórdia para o Auxílio livre de interesses para todos aqueles que de você precisar. No sétimo Raio, você sentirá quão importante é se libertar de culpas para sua Purificação e Transmutação abrindo-se para receber a Misericórdia Divina.

Agradeço especialmente à Equipe Médica Espiritual, Equipe que tenho oportunidade de dirigir, orientar, coordenar e aprender, e como tenho aprendido com esses espíritos dedicados e irmanados na luz, no bem, na consciência coletiva do amor incondicional, amor maior que guia, direciona, faz com que todos os obstáculos sejam superados um a um.

O meu reconhecimento imensurável à Equipe de Trabalhadores e Obreiros especializados em Suporte para os tratamentos médico-espiritual presencial ou à distância. São esses espíritos iluminados e comprometidos com a cura que proporcionam tranquilidade, segurança, equilíbrio, harmonia vibracional em todos os continentes deste Planeta em que estivermos atuando.

Gratidão à Equipe de Médiuns que se disponibiliza para os atendimentos espirituais, uma vez que, nesses dias, incontáveis vezes envolvem seus corações na luz transformadora e transmutadora da Chama Trina, colocando-se a serviço do amor, da luz e do bem.

Gratidão à Equipe de Auxiliares (Anjos Amigos) que sempre se dispõem em contribuir com trabalho, disponibilidade, conhecimento.

Enfim, cada um doa o que tem de melhor dentro do seu coração: AMOR. E amor não se compra, não se vende, não se precifica. AMOR simplesmente é demonstrado em pensamentos, sentimentos e atitudes.

Agradeço-te ó Pai de Misericórdia e Amor Infinito, Jesus Cristo, Virgem Maria, Cristo, Patrono do Planeta Terra, por todas as bênçãos colhidas em todos os dias de trabalho, e que possamos continuar a trilhar o caminho da luz e do aprendizado, da humildade, da disciplina, do perdão, da compreensão, da aceitação, da paciência, da tolerância, da compaixão e misericórdia, vencendo as dificuldades e as tribulações.

Nessa atual Era de Aquário, o Planeta Terra se beneficiará da expansão da consciência coletiva, que direcionará e fortalecerá a vida de toda a humanidade, e volto a insistir, aprenda a perdoar, a compreender e a aceitar a si e ao outro como ele é, a ser misericordioso, a ser justo, a ser compassivo, a trabalhar sem reclamar, a fazer o bem sem olhar a quem, a estudar continuamente sem preguiça, a ser pontual, assíduo, comprometido, responsável e, principalmente, não se olvide de que todo o bem, a paz, a luz, o amor e a abundância que pede incessantemente aos céus estão bem diante de ti.

Busca e acharás, bata e a porta se abrirá, e com a luz de sua alma encontrará o que tanto procura. Vidas novas, novos Tempos, Amor Incondicional e Trabalho em Equipe definem tudo.

Louvado seja Cristo!

Salve a Equipe da Colônia Médica do Grande Coração de Astheriãn.

Eu Sou Dr. Helmuth."

(Mensagens canalizadas em 25/03/2018 e 17/11/2018)

Orações e Mantras

Invocação do Arcanjo Miguel

Arcanjo Miguel em minha frente,
Arcanjo Miguel em minhas costas,
Arcanjo Miguel do meu lado direito,
Arcanjo Miguel do meu lado esquerdo,
Arcanjo Miguel acima da minha cabeça,
Arcanjo Miguel dentro do meu coração,
Arcanjo Miguel abaixo dos meus pés.
Que possa me guiar em todos os bons caminhos
E onde quer que eu vá,
Que a luz azul de sua espada,
Me abençoe, me proteja, me guarde, me ampare,
Me livre de todos os males,
Hoje, amanhã e todos os dias da minha vida.
Amém, amém, amém, amém!

(Fonte: www.grupoanjosdeluz.org.br)

Oração de São Francisco

Senhor, fazei de mim um instrumento da Vossa paz.
Onde houver ódio, que eu leve o amor.
Onde houver ofensa, que eu leve o perdão.
Onde houver discórdia, que eu leve a união.
Onde houver dúvidas, que eu leve a fé.
Onde houver erro, que eu leve a verdade.
Onde houver desespero, que eu leve a esperança.
Onde houver tristeza, que eu leve a alegria.
Onde houver trevas, que eu leve a luz.
Ó Mestre, fazei que eu procure mais:
Consolar, que ser consolado;
Compreender, que ser compreendido;
Amar, que ser amado.
Pois é dando que se recebe.
É perdoando que se é perdoado.
E é morrendo que se vive para a vida eterna.

(Fonte: www.grupoanjosdeluz.org.br)

Mantra do Perdão, Amor e Gratidão do Grupo Anjos de Luz

Hoje me perdoo.
E neste momento perdoo a todos.
Peço perdão.
Sinto muito.
Eu me amo.
Amo a todos.
Sou grato.
Estou livre!
Todos estão livres!
Assim é.
Assim será.
Está feito!
Amém, amém, amém e amém.

(Síntese do Ho'oponopono elaborada pelo Grupo Anjos de Luz)

Ho'oponopono é um processo de nos desfazermos das energias tóxicas que existem dentro de nós, para possibilitar o impacto de pensamentos, palavras, realizações e ações Divinos[1].

Decretos

O **Decreto** é como uma oração, um desejo, um instrumento e uma forma de meditação que nos conduz a trabalhar, a desenvolver e a fortalecer as virtudes que necessitamos para nosso crescimento e aprimoramento espiritual.

Como fazer:

Procure um lugar tranquilo e sente-se confortavelmente em uma cadeira, com a coluna ereta, ou se preferir, em posição de lótus, caso não seja possível, deite-se e relaxe.

Respire suavemente: inspire pelo nariz e conte até três, expire pela boca con-

---

[1] VITALE, Loe; LEN, Ihaleaka Hew. Limite Zero: o sistema havaiano secreto para prosperidade, saúde, paz e mais ainda. Rio de Janeiro: Rocco, 2009.

tando até três. Repita a sequência quantas vezes julgar necessário, até sentir-se relaxado. Faça o exercício com tranquilidade para que sua mente se esvazie de todos os pensamentos. Mas, se surgirem pensamentos, não se preocupe, mande-os embora.

Pense, mentalize na cor do Raio referente ao Decreto escolhido, padrões (atitudes) que necessita trabalhar, ser amparado(a) ou desenvolver.

Repita o Decreto três vezes e em seguida agradeça.

Se preferir, faça diariamente, meditando o Decreto referente ao Raio do dia e se possível faça também a leitura de uma mensagem referente ao Mestre.

Desta forma, você poderá conectar-se com mais profundidade na essência de cada Raio e absorver com mais clareza os ensinamentos dos Mestres Ascensionados e Arcanjos.

Orai e vigiai sempre.

Luz, paz e bem!

Decreto do 1º Raio da Luz Azul

Arcanjo Miguel, que prevaleça em mim a Vontade Divina.

Dia da semana: Domingo

Virtudes: Força, Poder Pessoal, Vontade Divina, Proteção, Liderança, Fé.

Arcanjo Miguel fala da entrega da vontade humana à Vontade Divina.

Decreto do 2º Raio da Luz Dourada

Arcanjo Jofiel, me impulsione à sabedoria de acreditar em mim mesmo, no meu poder e na minha luz.

Dia da semana: Segunda-feira

Virtudes: Iluminação, Ciência, Conhecimento, Sabedoria, Tecnologia Inspiração.

Arcanjo Jofiel proporciona o contato com a Sabedoria Divina.

Decreto do 3º Raio da Luz Rosa

Arcanjo Samuel, que eu possa desenvolver a plena e total capacidade de amar.

Dia da semana: Terça-feira

Virtudes: Perdão, Amor Incondicional, Tolerância, Beleza, Bondade, Gratidão.

Arcanjo Samuel auxilia o despertar do amor.

Decreto do 4° Raio da Luz Branco-cristal

Arcanjo Gabriel, desperte em mim a purificação de meu ser a caminho da ascensão.

Dia da Semana: Quarta-feira

Virtudes: Purificação, Limpeza de Karmas, Ascensão, Equilíbrio, Pureza, Paz, Silêncio, Ressurreição.

Arcanjo Gabriel conduz a chama da ascensão e à queima do karma.

Decreto do 5° Raio da Luz Verde

Arcanjo Rafael, me liberte do julgamento, do orgulho e do egoísmo e que a verdade prevaleça em mim.

Dia da Semana: Quinta-feira

Virtudes: Cura, Justiça Divina, Verdade Divina, Concentração, Consagração, Dedicação, Prosperidade.

Arcanjo Rafael propicia a limpeza e despojamento para receber a verdade.

Decreto do 6° Raio da Luz Rubi-dourada

Arcanjo Uriel, dai-me fé e constância nas orações.

Dia da Semana: Sexta-feira

Virtudes: Devoção, Misericórdia, Amor, Cura

Arcanjo Uriel desperta a compaixão e misericórdia.

Decreto do 7° Raio da Luz Violeta

Arcanjo Ezequiel, auxilia-me na transmutação de meus karmas, para que eu possa alcançar a libertação e a capacidade de voar rumo ao Divino.

Dia da Semana: Sábado

Virtudes: Apelos, Compaixão, Transmutação, Transformação, Liberdade.

Arcanjo Ezequiel não só traz a transformação, mas a organização da vida para poder ser livre.

Mensagem final

"Caro(a) amigo(a),

Desejamos que, ao descobrir Quem **Eu Sou**, seu coração esteja leve e feliz, pronto para fazer o Caminho da Alma com entendimento e aceitação para **O que estou fazendo aqui** e cumprir sua missão no Planeta Terra com Amor por si mesmo, por tudo e todos que estão a sua volta.

Equipe da Colônia Médica do Grande Coração de Astheriãn.

Orai e vigiai sempre.
Luz, paz e bem!"

(Mensagem canalizada em 18/11/2018)

Gratidão!

Mais informações no site www.grupoanjosdeluz.org.br

www.ingramcontent.com/pod-product-compliance
Lightning Source LLC
Chambersburg PA
CBHW041802040426
42448CB00001B/14